JN411079

y의 진술

변영희 시집

문학의전당 시인선
233

y의 진술

변영희 시집

문학의전당

시인의 말

이제 그만, 도둑질을 멈춰야겠다.

2016년 9월

변영희

차례

제1부

제2부

제3부

제4부

제1부

소풍

늙은 아이가 소풍을 왔다

땅에 엎드려 지문을 찍을 때마다
둥글게 자라는 무덤

다시 품어보겠다는 양
다시 들어가겠다는 양

엄마는 다시 배가 부르다

好전망을 팝니다

보기만 해도 행운이 온다는

흑두루미 팝니다 오백 원입니다
냄비 속 끓는 달걀 같은
섬을 팝니다 만천 원입니다
티끌까지 삼켜버린 동해바다
이만이천 원입니다

산은 얼마입니까 호수는 얼마죠

전망 좋은 방을 주세요
말하면 되는 줄 알았습니다
운수의 문제인 줄 알았죠
지갑 속에 전망이 숨어 있을 줄은 정말
빈 호주머니는 사라진 전망일까요

비전은 팔 수 있나요
유효기간을 알 수 없는 비전 말입니다

여기는 하늘에 닿을 듯한 전망대
방금 바람이 슬쩍 머리칼을 만지고 가는데
고맙기도 해라
주머니에 넣을 수 없는
당신의 바람이자 나의 바람

최초의 순결한 전망 아닐까요

초록의 악수

미니스커트가 지나갔다
햄버거가 지나갔다
늘어진 추리닝이 지나갔다
수다스런 중국인이 지나갔다

보리는 푸르게 허공을 찌르고 목장승 울고 웃고
그림자는 길을 삼키며 키가 자라고

미니스커트가 달린다
햄버거가 달린다
추리닝이 달린다
수다스런 중국인이 달린다
길이 출렁인다

묵묵 지켜보는 나무들은 잎을 뱉으며 그늘을 키우는 중이다
천 원을 주고 나무를 샀다 메타세쿼이아 길을 샀다

미니스커트가 사라진다

추리닝이 사라진다
햄버거가 사라진다
수다스런 중국인이 사라진다
초록이 악수하는 길에 어둠이 내리자

미니스커트와 추리닝과 햄버거와 수다스런 중국인과
나의 나무들 제 그림자를 잊고 우뚝하다

맞잡지 못한 손들은 호주머니 속에서 초록으로 물들고

길들이기

의사들–물 비타민 독일–청어 절임 이탈리아–커피
미국–토마토주스 달걀 덴마크–소금 폴란드–피클 즙
네덜란드–맥주 멕시코–새우 중국–진한 녹차
루마니아–내장탕 일본–매실 절임
러시아–사우나에서 잎새 달린 자작나무 가지로 세차게 치기

누군가는 첫 줄 누군가는 마지막 줄 혹 당신에겐 수수께끼가 되는 어구들 공통점을 찾았어도 상상력은 여전히 필요한 법이지 북어탕과 콩나물국에 바쳐진 믿음에 대하여 다시 생각할 일이다 지구의 점 점 점에서 취하는 해장법 이렇게 다르더란 말이지 여하한 생의 해법에 대하여도 정당성을 확보하지 않겠는가 말이다 음흉한 미소 입가에 쩍 붙는 저 저 모습 좀 보게

어 어 어이쿠, 물 한 잔 하시게나

천막사원

문에 들기 위하여
신발 위에 덧버선을 신었느니
때로 맨발이 되었느니
몸을 낮추어 오체투지 하였느니

갠지스 강가 비어 있는 천막에 벌거벗은 채 홀로 엎드린 아이 눈빛을 나누며 슬픔을 읽은 건 나만의 오독이었기를 두고두고 생각하다 툭, 마음을 가져간 눈이 깊은 아이 잔영처럼 빛나는 흰 사원을 향하여 영원한 맨발이 되었느니 햇볕 뜨겁게 고인 강

부유하는 강의 등뼈를 타고
꿈틀거리는 천막사원을 세웠느니
아느냐 아이야 영원한
네 유년의 눈을 내 가져왔음을

변주(變奏)

의자1 눕고 싶어
　의자2 바보 같은 소리
　　의자3 누워 있는 의자?

혼자가 아니어서 다행이야

양말을 가진 발은 따뜻해 보여
노숙의 날이 차가운 문양으로 박힌 맨발
깊은 밤을 건너는 힘 충전 중이야
열 개의 발가락이 오지 않는 행운처럼 슬퍼
자꾸, 자꾸만 발이 시려
포장박스는 치우지 말기로 해
각진 구석은 더 많아져야 해

새벽 네 시의 한우 더블팩
푸른 눈을 빛내는 노마드족의 에너지원이야

고요의 무덤이어도 좋을

새벽 다섯 시는 제한시간이었어
똑 똑
몸에 닿는 노크에 자동인형처럼 일어나
어디론가 쏘옥 쏙 사라지는 갯벌의 게들

노마드족이 사라진 시간도 그즈음이야

떠나는가 하면 돌아오는 역전의 시간
기차의 운행은 계속되어야 해

마법의 종이와 등대 그리고

등대는 사실상 늘 흑자를 내고 있습니다, 한 사내가 말했어

등대와 돈의 상관관계에 대하여 어떤 낌새도 알지 못했지 어두운 항로를 밝히는 별자리에 버금가는 이미지를 등대는 오랫동안 가지고 있었어 익숙했던 등대가 사라질 때 꿈틀거리는 낙지가 끓는 냄비 속으로 밀려들어가는 것을 보았지 생사의 이면이란 찰나적 몸 바꾸기야 마음속의 등대가 죽어버린 그날 뜨거운 늪에서 건져 올린 낙지는 유난히 맛있었지 이제 당신 생의 손익계산서를 펼쳐볼까

흑자가 아니라고 몸을 던지지는 말아야 해, 높은 곳을 향해

혈

백일 지난 아기의 하루는 기저귀 값 포함 칠천 원 시간당 최저임금을 넘어선 액수라네 최저생계비를 쑤욱 뛰어넘을 텐데 어떻게 또 아이를 낳느냐 하네

손을 자르거나 매니큐어를 하거나
발가락을 자르거나 페디큐어를 하거나

낡은 몸의 유지비는 얼마일까 곧 박스에 담겨질 수도 있어 파랗게 노동하는 손은 잘라두고 고장 난 척추는 분해하는 거야 삐걱삐걱 잘 버무려 독수리에게 던져주고

둘째를 삭제하거나
둘째를 낳거나

고물고물한 손가락과 발가락을 만지는 희대의 사건은 언제나 피를 부르는 문제야 사랑은 뜨거워서 때로 너무 뜨거워서 죽어도 좋아, 를 낳곤 하지

철거촌을 걷다

버려진 구두에 꽃이 피었다
꿈을 잃은 자전거 바퀴에
나팔꽃이 악착같이 손을 뻗는다

꿈은 양철북을 두드리는 막대 같은 거
희망은 영리하게 채색한 폭력
흔들리는 걸음을 자꾸만 강요하지

골목을 미행하는 걸음 멈출 수 없다
골목이 나를 뒤쫓게 할 수는 없는 일
반전은 허락할 수 없어

발목이 피로감으로 부푼다
아무래도 발목을 잘라야 할까 보다
어쩌면 골목을, 막다른 골목을

희망만이 아니라
꿈만이 아니라

막다른 골목은 더욱 폭력적이다

선홍빛 피가 뚝뚝 떨어져도
다시 싹트는 봄날의 씨앗

잘린 발목이 이야기를 시작한다

해제(解除)

일어나, 일어나라구
시끄러, 시끄러, 그만 꺼져버려
푸쉬, 푸쉬, 푸푸풉

알람의 머리채를 흔들어 눕히고
얼크러진 머리를 들고
푸른 등뼈를 세우고
두 발을 딛고 비틀

손이 달리고
발이 달리고
마음이 달리고
자전거가 달리고
자동차가 달리고
주법은 천차만별이야

가끔 알람은
쥐도 새도 모르게 죽기도 해

알람이 죽고 나면 그뿐
닭이 울고
개가 짖고
지구는 돌고

그러니. 가끔. 죽여주길

금섬슈퍼, 날다

멍청한 새끼들, 티비를 부수고 갔어 뒤엉킨 창자 같은 집을 뒤지는 남자가 투덜거린다 사천 원은 받을 수 있는데 고쳐서 베트남으로 보낼 수 있을 텐데 집게를 휘두르며 역정을 낸다 부서진 티비가 몸을 움츠린다

와우마을 문이란 문은 모두 열려 있다 바람과 씨앗 경계 없이 드나든다 꽃씨 날아다니는 방이 운다 바람이 운다 금섬슈퍼 아치형 간판이 흔들린다 평상에 오래 앉았다 떠난 사람들을 닮았다

어서 봄이 왔으면 고개를 갸웃 내민 잡풀들 씨앗의 꿈을 피웠으면 놀란 텔레비전이 꿈을 조립한다 금섬의 방마다 빛이 차오른다 금섬슈퍼 날아오른다 부들씨앗처럼 공중부양이다 쓸쓸한 마을의 마지막 어깨동무 어화둥둥 두둥둥

슬로우, 퀵

소곤소곤 속삭임이 들려요
악어는 막 울음을 그쳤구요

어두운 옷장 속의 껍질들 상처는 모두 아문 것일까요 악어의 눈물은 다 말랐을까요 빨간 지갑은 끝없는 키스 중이라서 옷장의 온도는 쉬 내려가지 않죠 혀가 사라질 때까지 계속될 붉은 키스 양과 모자와 지팡이는 소중한 관객 공작 깃털마다 눈알을 달아두기로 해요 양의 꼬리를 잡고 춤을 추어요 껍질이 되지 못한 자는 출입금지 옷장 문에 매달려 귀를 기울일 뿐이죠 슬로우 슬로우 퀵 퀵 옷장이 돌아가요 헐렁한 가죽의 힘이란 이런

껍질을 벗지 못하는 나
가죽부대를 여미죠, 꽁꽁

나무를 볼래

숲을 보라고?
아니 나무를 볼래

바람의 지문 공기의 지문
꽃의 지문 우체통의 지문
그림자의 지문
지문, 지문이 통과하는

휘파람 같은 시간은 꼬리를 남기지 않고 사라지지

직립의 고독 직립의 지루함
눕고 싶은
엎드리고 싶은
낭창 구부리고 싶은 나무들이 우두둑

햇빛이 있는 집을 갖고 싶어
빛이 망토처럼 드리우는 방
빛의 세례란 그런 거

우울이 곰팡이처럼 번지는
e편한세상이 덮쳐버린 방
그건 슬픔의 씨앗이 되기도 해
the 편한 세상 아래 사는 청춘은
잠이 많아 참 다행스럽지

졸음에 겨운 나무를 거느린
이 편한 세상, 안녕하신가?

플리즈

무덤들 사이 휘어진 길이 있어요

잠깐만 나와 봐요 아버지
사진 한번, 딱 한번만 찍자구요
가족사진 수백여 컷을 찍으며 알았죠
곁을 허락한 사진이 단 한 장도 없다는 거
도대체 무슨 까닭일까요
그리워요 당신의 지팡이와 모자와 웃음소리
나오세요 딱 한 컷이면 완벽해요
목책 사이로 기거나 날아올라 봐요
만삭의 배처럼 부풀어 오른 곡선
풍만한 젖가슴같이 크고 둥근 고분 사이
아버지를 향한 나의 호출은 적절하죠
그림자는 싫어요 어서요, 찰칵
머잖아 달이 떠오를 시간
염소수염을 날리며 와줘요, 한번만

명암이 점점 또렷해진다 간절한 부탁이 무덤 속으로 들어간다

긴 호명이 새끼줄처럼 풀리며 소란이, 큰 소란이

꼬리별을 잡고

푸른 별이 하루에 한 바퀴씩 돌고 있다는데 먼 별이 날아와 푸른 별에 떨어지기도 한다는데 그 부스러기 별 어디로 스몄을까

물레방아도 레코드판도 자동차 바퀴도 종이 위를 미끄러지는 볼펜도 돌고 도는 것은 모두 소리를 낳는데 이지러진 화음이 쌓여 저녁이 익어 가는데 보이지 않는 화음 어디로 스몄을까 조율되지 않는 생이란 끝없는 불협화음

견딜 수 없이 지구의 뿌리가 궁금하면 물구나무를 선다 붉어지는 얼굴로 역류를 새파래지는 얼굴로 추돌을 스르릉 스르릉 생의 바퀴를 뒤로 돌린다 쏟아지는 유성우 눈으로 코로 귀로 스미는데 물구나무를 서자

꼬리별이 물푸레나무처럼 자라는 밤

제2부

레시피

에쿠아도르 해안지방에 사는 끼야이씽가족의 사람고기 요리법을 알려줄게

먼저 혀가 날름거리는 모닥불을 피워 그리고 단단한 받침대를 올리지 받침대 위에 사람고기 조각을 가지런히 올려놔 고기가 익을 때쯤 고추와 소금과 물을 적당비율로 섞지 곱게 갈은 양념을 촉촉하게 발라 잘 익혀서 옥수수 볶은 거랑 함께 내놓는 거야 군침이 돌지, 특별한 요리를 원한다면 강력 추천이야 혹시 요리를 할 양이면 꼭 불러줘 히힛 책에서 만난 요리 시식해 봐야지 히힛 미식가는 아니지만 끼야이씽가, 끼야이씽가족들만 먹으라는 법은 없잖아 히힛 이미 먹어보았다구 치차술까지 마셨다구 히힛 비위에 딱 맞는다구 지상에 새로운 것은 없다구 히힛

요리도 전염병처럼 번지는 거라구 아…아,

아스클레피오스*의 지팡이

아이는 담요에 말려 차가운 윗목에 놓였어

돌아오지 않는 남편을 기다리며 여자는 말없이 밥을 안치고 아궁이에 불을 들였지 불길이 엄마의 마음까지 덥히지는 못하지 아이를 묻어요, 말할 때 엄마의 목울대에서 꺽꺽 울음이 넘쳐났어 술에 취해 돌아온 아비는 할배가 이르게 세운 소나무 호박섶 때문에 동티가 난 거라며 주섬주섬 섶을 걷어내 땅속에 파묻고 꾹 꾹 밟았어 별이 떠오르는 하늘 향해 알 수 없는 주문을 외웠지

산골의 돌팔이 침꾼이었던 그는 아이를 묻기 전 마지막 침술을 했어 그런데, 그런데 말이지 차갑게 굳어 있던 아이였는데 어미가 둘둘 말아버린 아이였는데 맥박이 다시 뛰며 울음을 토하는 거야 아비의 간절한 마음이 지팡이 되어 뱃사공 카론을 막았을 거야 세상에 태어났다 울음 울고, 죽었다 살아났노라 울음 우니, 가끔 우렁차게 울어볼 일이야 볼을 적시는 눈물일랑 부끄러워 말고

응앙응앙 응앙응앙**

---

*그리스 신화에 나오는 의술의 신.

**백석의 시 「나와 나타샤와 흰 당나귀」에서 인용.

영수증

조선인의 코 삼천삼백육십아홉 개를 바치고 나베시마 가츠시게 군이 영수증을 받아두었어 천오백구십칠 년 시월 초하루 일이야 코는 술통에 잠겨 일본으로 갔지 숨을 빼앗긴 코가 도요토미 앞에서 뜨거웠던 목숨을 증거했어

사백여 년 훌쩍 지나 어두컴컴한 조명 아래 나타난 코 영수증, 복제된 영수증에 실려 온 삼천삼백육십구 명이 각기 다른 울음과 사연 쏟아내고 있어 화석이 된 울음소리가 아프게 가슴을 두드리지

박물관 마당에 나비 같은 꼬마들이 놀고 있어 날개가 사라진 어느 날 수많은 울음을 만나게도 될 테지 헤아릴 수 없이 보름달이 뜨고 지는 동안 바다를 건너온 영수증은 박물관을 지킬 거야 어둠을 지켜보는 빛나는 눈처럼

독산동 말미 코카콜라

낯선 세계의 아침을 달리는 차들은
엎드린 낙타 같은 언덕 아래 있었지

털이 많은 백인과 곱슬머리 흑인을 처음 보았어 흰 이를 보자 안심이 되어 어눌한 대화의 방식으로 웃을 수 있었지 말미고개 지나 학교 가는 길 코카콜라 공장이 있었어 광고판의 콜라병이 이순신 동상보다 크게 보였지 콜라를 마실 돈은 없어 몇 배나 더 매력적인 만화 때문이었지 콩나물 값을 잘라내 즐겼던 것이 재미난 이야기만은 아니야 촉수 낮은 전구 달랑거리는 만화방에서 찢어지고 닳은 책의 가난한 평온을 즐겼지 흑백의 용병들은 점 점 점 작아졌어 공룡 같은 서울에 대해 눈을 빛내며 말했지만 친구들은 하품을 했지 독산동, 말미, 코카콜라 공장이 먼 것처럼 만난 적 없는 흑인과 백인이 무슨 상관이겠어 잘록한 콜라병의 허리를 쥐고 톡 쏘는 음료를 마실 때 아이들은 환호했지

낙타의 등에 쭈그려 앉은 독산동의 아침을 다시 찾아가는
중이야 길은 뒤로 물러서고 발목은 자꾸만 꺾이고 흔들리는데

프랑스식 정원

미스김라일락* 머리칼 위로 전지가위 지나간다 팔다리에서 솟아 자잘하게 나부끼던 잔가지 우수수 떨어져 바닥에 눕는다 골담초 꽃매화 천리향 푸르게 날선 가위 지나간 자리 때 이른 여름이 들어서고 있다

붉은 장미를 베르사이유 궁에서 만나다 오래전 만화는 숨 막히는 꽃의 자태로 오다 궁전의 길 잃은 술래 되어 앙투아네트를 만난 것도 잠시 흑막을 갖지 못하는 가시와 함께 향기 잃은 유물이 되다 사각의 프레임 속으로 들어가다

넓게 팔 벌린 나무의 품에 대하여 가위질을 끝내고야 알았다 위로하듯 감꽃 떨어져 매끈해진 나무들 보듬는다 댕겅댕겅 잘려지는 비명 도착하지 않았으면 좋았을 소리들 정원에 당도한다 낡은 기요틴**이 바르르 떨고 있다

---

*수수꽃다리가 미국으로 반출되어, 품종 개량된 라일락.

**프랑스 혁명 때 의원 기요탱(Guillotin, J. I.)이 발명한 사형 집행 기구.

떠도는 언어

해먹에 누우려다 뒤집혔어 원숭이가 바라보고 있는데

에로틱 조각이 많은 사원을 다녀온 이후야 섹스는 요가 동작 중 하나였다고 가이드가 말했어 그는 탑에 새겨진 벌거벗은 남자의 성기를 일러 물건이라 말하더군 앞서 다녀간 여행객이 가르쳐주었을 이국의 언어를 웃음기 없는 얼굴로 발설했어 항아리 같은 배 아래의 제 물건은 전혀 개의치 않는 어조로

사원의 잔디밭에서 카마수트라 책자를 들여다보며 킬킬거리던 여자는 파트너와 함께 저녁 만찬에 보이지 않았어 식탁의 뜨거운 메뉴가 된 그녀를, 일행은 은밀하게 킬킬거리며 먹었지 해먹에 누우려다 뒤집힌 건 그 후에 일어난 일이야

품 넓은 나무 아래 걸려 있는 해먹이 휴식을 허락할 거란 생각 가볍게 뒤집히고 말았지 원숭이가 나를 보며 웃었는지는 몰라 얼굴이 확확 붉어진 건 강렬하게 물든 노을 때문이야 푸른 하늘 배경으로 천태만상의 교합 중인 조각을 품은 사원은 고요하기만 했는데

가끔 생각하곤 해 물건이라든가 뒤집힌다는 말 그 떠도는 은유에 대하여

말의 연원을 묻다

삼천포로 빠진다는 말 사람들이 사용하는 이유를 아느냐고 술에 취한 남자가 묻는다 머리카락 듬성듬성한 그의 정수리가 낡은 포구처럼 달아올랐다 난 정말 궁금해 왜 그렇게 말하는 건지

자꾸만 되뇌는 말이 간지럼처럼 번져 내게 건너왔다 빙 둘러앉아 염소 수육을 씹고 있는데 아이가 발 구르며 떼쓰듯 묻고 또 묻고 수육은 점점 질겨져 삼킬 수 없고 말은 해답을 찾지 못해 길길이 뛰고 간지럼은 가려움으로 바뀌어 간다

둔각으로 손톱이 일어선다 끝없이 반복되는 말 삼천포를 북북 긁어본다 삼천포가 문제다 삼천포로 가자 삼천포로 빠져버린 남자를 추방하고 삼천포 삼천포로 가자 전염성 강한 가려움 내려놓고 싶다

혹, 당신은 향기도 모양도 없는 그 말의 연원 알고 있나요? 음메에엠 음메에엠 메에엠

달콤한 거짓말
—거울난초

암말벌을 흉내 낸 거울난초의 속임수에 수말벌이 바쁘다 경쟁에서 진 말벌은 꽃가루를 흠뻑 뒤집어쓰고 다른 난초에게 날아간다 야호, 매춘부난초의 책략은 완벽하다 달콤한 거짓말에 속는 것은 파랑도 분홍도 아니다 그저 별난 색깔의 사랑일 뿐

사랑해? 사랑해. 사랑? 사아랑? 맨몸이 드러나는 판타지가 혀를 빼물고

유사페로몬에 빨대를 꽂는 엑스와 와이의 수고에 거울난초는 매춘부난초라는 이름을 얻는다 다섯 가지 디저트를 한꺼번에 굽는 듯한 꽃향기는 너무 달콤해 흠, 흠 난초는 동종교배를 원하지 않는다네 이종을 향해 날아, 날아, 날아라

사랑해? 사랑해. 사랑? 사아랑? 알몸이 드러나는 판타지가 혀를 묻고

식물인간에 붙은 植物이란 저 수식어 어디로 옮겨야 하나 앗, 거울난초의 향기로운 한방이다

누룩꽃빵 피는 마을의 느티나무

야사리 느티나무
낡은 몸이 군데군데 승복처럼 기워졌다

막걸리 떡 과일로 제물을 차린 여자
무릎을 꿇고 머리를 조아린다
손바닥 사이 알 하나를 굴리듯 두 손을 비빈다
주문을 외우다 악어처럼 입을 벌려
하품을 한다 뭔가 삼키고야 말겠다는 기세
붉은 샤먼의 기운 같다

할머니 할아버지의 맨살을 만져본다
가지 끝 함성처럼 돋아나는 이파리
하늘을 배경으로 무엇을 쓰고 있는가
말씀의 깊은 통로가 궁금하다

샤먼의 하품이 건너오는가
졸음이 심심하게 번진다
줄기의 천공을 따라

끄트머리 함성으로 태어나려나

미친 원숭이 같은 나를 잠재우려나
자꾸만 하품이 난다, 자꾸만

백일, 백 일

안녕하세요?

산책길에 모판을 돌보는 아저씨를 만났다 아따, 운동하는 거시다요? 네. 모는 얼마나 자라면 옮겨 심나요? 한 보름 더 키우믄 되겠제라 오월 스무 날부텀 유월 십 일 사이 모내기는 얼추 끝나지라 글고 백일 동안 키우믄 밥이 입에 들어간답디다 나도 잘 모르는디 책에도 글코 사람들도 그랍디다 아, 거 백일홍 꽃피믄 쌀밥 먹는다 안 합뎌 잘 모릉께 배워감서 하는 짓거리지라 비닐을 씌운 모판은 순정한 매트리스처럼 펼쳐 있다 푸른 하늘의 비행기 똥 와락 쏟아지면 침대 위의 어린모 무럭무럭 자라려나 헛생각의 리듬에 맞춰 몸을 흔들며 걷는다

백일을 건너가면
흰 밥을 먹는다네
백일홍 꽃피면
흰 밥을 먹는다네
축제 같은 백 · 일 · 상 · 을 차린다네

꽃집 앞
—파트라슈

너를 세탁기에 넣고 돌리고 싶어
너는 아주 깨끗해질 거야

긴 털이 엉키는 동안
꽃잎에 머무는 나비 바라보았니
고양이의 희롱 부러워했니
감자 한 알에 꼬리치는 고양이를 보았니

세탁기에 들어가
눈부시게 하얘지는 거야

통 속에 들어가서 주인을 후리는 꿈을 꿔봐
목줄을 끊는 꿈이라도 꾸라구

파트라슈, 파트라슈, 왈왈

문어우체국

—2016

획을 그을 수 없는 감정이 펄럭이는데

분향소 옆 성당의 종소리는 언제 울리는가

종소리로 감정의 획순을 정리할 수 있을까

거센 바람 끌어안고 일필휘지

팽목의 슬픔을 새겨야지

노란 촉수 하나하나 만져봐야지

심해의 문어우체국으로

뒤집힌 배에 전하는 편지를 부쳐야지

아홉 통의 편지 쓰고 또 쓰고

노을빛 물들고 바다 저편으로 태양이 숨는 시간

문어들의 행낭에 넣어야지

잊지 않겠노라 노랗게 외치는 각혈

‘만지고 싶다 내 딸’

‘따뜻한 밥해서 같이 먹고 싶다’

흔들리는 목소리 동봉한 팽목의 편지들

보건소
—당신의 매화향은 안녕하신가

고려약국에서 관장약을 샀어 삼백 원이더라 아이스크림 하나에 얼마지 하는 생각이 들더라구 들어가는 구멍이 다르니 가격이 다른가, 젠장 노랗게 핀 유채꽃이 더 노오래지는데 그만 노래를 부르고 싶더라

보건소 화장실에 들어가 정확하게 구멍을 찾았지 퍽 안정감이 생기는 장소야 쓰러지더라도 보건소잖아 오므리고 밀어내는 괄약근의 힘은 예술적이야 오 분을 견디라 했어 고문에 가까운 시간이지

혈압이 오르는 느낌, 관자놀이가 불끈하는 느낌 알아? 죄 없는 약사에게 욕을 퍼붓고 싶은 시간 노래를 부르기 시작했지 어머나 온 세상이 다시 노오래지네 유채꽃도 없는데 매화향도 나지 않는 화장실 환풍기만 요란스레 씩씩거리는데

똥 싼다, 똥 싸는 소리 한다, 이 문장들 비하적으로 쓰지 마 거룩하게 향기롭게 사용하도록

기억의 행성

엽전으로 밥을 사고 물풀을 사고
별을 사고 비린내를 사고 딸기를 사고

좁은 시장에서 연인들은 팔짱을 끼고
캐리어를 끄는 파란 눈의 청년은 기린처럼
목을 늘려 눈을 빛낸다
뒤따르는 사람들은 물살을 뚫으려 눈을 빛내고

출렁, 사람이 밀물이다
출렁, 사람이 썰물이다

통인시장 골목길이 출렁이는 건
목구멍을 통과하는 물목 때문
추억을 먹고 추억을 보듬으며
낡은 친구와 밤을 달려 통음을 하는
기억의 행성

엽전으로 살 수 없는 그럴듯한 이유

하루

말없이 내 발을 만지작거리며 눈길 가득 주시던 아버지 손끝의 따뜻한 체온을 남기고 휘적휘적 밖으로 나가신다 해가 높아졌다 낮아지고 어둠이 내려도 아버지는 돌아오시지 않았다

양 한 마리, 양 두 마리…… 그리고 아버지

흰 새벽 배가 아파 눈을 뜬다 막걸리 냄새 가득 퍼져 있는 희붐한 방 아버지의 두툼하고 넓적한 손이 내 배를 쓸고 있다 아픈 강아지처럼 낑낑거렸던 건가 그리고 보았다 아버지의 머리맡에 놓인 한 켤레 운동화와 예쁜 꽃무늬 팬티

컴컴한 길을 돌아오신 아버지를 만났다 배를 쓸어주던 손과 머리와 가슴에 대해 한마디도 나누지 않았다 아버지의 그림자를 깔고 누워 하염없이 양을 헤아린다 잠들지 못하는 밤에 만나는

양 한 마리, 양 두 마리…… 그리고 아버지

늦은 밤 돌아오지 않는 아이를 기다린다 불같은 소주를 마시며

제3부

사랑

소를 데리고 풀을 먹이러 간다. 느리게 풀을 먹던 소가 화들짝 달린다. 달려가는 소. 달아나는 소.

소를 잃을 거라는, 고삐를 잡을 수 없을 거라는 무섬증이 바람개비처럼 돈다. 넓적한 궁둥이를 흔들며 비웃음을 흘리며 집으로 들어가는 소. 통증 같은 서러운 마음에 울음이 터진다. 얼굴이 붉게 부푼다.

아침이다. 소의 털을 빗긴다. 윤기가 더해지는 녀석의 잔등 흐뭇한 마음이 졸음처럼 번진다. 소는 너무나 크고 소는 열 살이다.

안개 속으로 들어간 아이를 생각한다. 그 소는 지금 어떤 사랑에 빠졌을까. 돌아올 거야. 부유물처럼 떠다니는 믿음 끌어당겨 손에 쥔다. 손가락이 펴질까 무섭다.

정말 무섭다. 씨익 웃는 저, 소.

방(房)

이 미친년아, 문간방 언니를 봐라 공장 다니면서도 새벽에 일어나 공부하고 있잖니 bee bee bee 영어 단어를 외우고 있었다 손톱을 세운 욕설이 성대를 울리며 나왔다 아줌마, 나는 도망치는 중이야 나를 앞세워 딸년을 잡지 마 컨베이어를 타고 흐르는 거 끝내고 싶어 컨베이어를 타는 내게 새벽 한 줌의 시간은 꼭 필요하지 우리의 아침에 욕설 쏟아내지 마 벌집을 벗어날 칼을 가는 중 훅 치고 들어오는 당신의 노래 이제 제발 멈춰줘

벌집엔 오래도록 꿀이 차지 않았다

메마른 황야 같은 공단 입구, 벚꽃은 흐드러지게 피고지고피고지고피고지고 푸른 작업복을 벗고 대학생이 되고 알바생이 되고 악처가 되고 일꾼이 되고 엄마가 되었어 영어 단어는 이제 더 이상 외우지 않지 새벽은 달콤하고 달콤하지 않은 꿈의 시간일 뿐이야 문득문득 각혈하듯 뱉는 말이 있어 이 미친년아 어디로 가고 있니, 육각의 방을 찾아 슬금슬금 기어들 테야 벌집은 사라지지 않을 테니까 기쁘고도 기쁘게 말이지

소금사막을 떠나온 마리오와 바렛, 벌집으로 지금 막 들어선다

무서운 책

머리를 수그려야 드나들 수 있는 쪽문만이 내 것이야 담장까지 잇대어진 슬레이트가 햇볕을 막았지 비가 내리면 균열의 틈새를 비집고 빗물이 침입하지 빗방울 떨어지는 소리가 턱없이 명랑하게 들릴 때 왜 눈물은 흐르는지

어느 밤, 미세한 소리 흔들리는 그림자가 나를 갉아 먹었어 환각적인 바퀴의 모습에 발작적으로 문을 두드렸지 잠에서 뛰쳐나온 주인여자에게 그림자를 가리켰어 묵념처럼 짧은 순간 여자가 팔을 휘둘렀어

빠르게 지워지는 그림자

골목으로 나를 토해내던 쪽문 어둔 밤의 별을 들여놓던 두 뼘의 쪽창을 이제 찾을 수 없어 그곳은 뉴타운으로 불리지 나는 바퀴를 더 이상 무서워하지 않아 책 한 권이면 충분하니까

골목을 떠나 표류하며 많은 책을 수집했어 바퀴가 알을 까듯 새로 태어나는 책들 냄비받침이 되어 뜨거운 열기 묵묵 받아내는 책

말이야 장정이 아름답고 훌륭한 나 바퀴를 공포에 떨게 하는 책이 되었지

참 잠깐의 일이야

주전자를 찾습니다

노란 양은주전자를 잃어버렸다 개울 건너 초록 무성하게 번지던 삼거리쯤이었을 게다 조카와 서로 들고 가라 떼밀다 일어난 일이다 팽팽한 오기의 끝에 사라진 주전자 오빠는 무참한 폭언을 콸콸 쏟아놓았으니 동네를 돌며 사립 안을 힐끔거렸다 주전자를 찾는 눈초리 들킬까 얼굴이 붉어졌다 원망으로 빛나는 눈빛을 쏘던 조카와 나 말없이 별무리를 흔들며 어둠에 잠긴 마을 안을 뱅글뱅글 돌았다

딱 그런 시간이었을 터이다 도둑이 다녀갔다
구린내를 풍기거나 빛이 쏟아지는 것을 말끔하게 품어갔다

완고하게 맞서는 직사각의 대문으로 들어와 발자국도 남기지 않았다 특별한 눈과 코를 가졌노라 우쭐거리고 사라졌다 셜록홈즈를 불렀다 구불구불 질문과 기록이 시작되고 곧 지루해졌다 구린내의 꼬리는 싹둑 잘려졌고 대문 안에 고딕체의 또렷한 말씀만이 남았다 ***대문을 엿보는 자 경계하라*** 새로운 전언이 도착하지 않는 공중의 누각에서 누룩 냄새 풀풀 날리며 취한 시간 속으로 사라진

주전자의 행방 새삼스레 궁금하다 뇌쇄적인 노란 주둥이를 가진 그

지겨운 소설

지하철을 타고 가는 어느 날이야
줄줄이 다리를 벌리고 앉아 서넛은 졸고
나머지는 사이버의 세계를 탐닉하지

한 쌍의 남녀는 환하게 반짝였어

서로의 몸을 촘촘히 기대고
마주 잡은 손 한없이 꼼지락거리는 거야
여자가 너무 몸을 기울이고 있어서
술에 취했나 착각했지 뭐야
말해주고 싶었어

너무 기대지 마 버거워하며 밀어낼 수 있어

뜨거운 발열체가 내장된 사랑이란
고장의 위험도 빠르게 나타나지
호호호

미리 말해줄 필요는 없는 거라고
젊은이는 생의 스펙터클을 만끽해야 한다고
낮은 속삭임이 들렸어
졸고 있는 청년들 꿈이라는 책을 읽는군
소설 같은 생의 모퉁이를 돌고 있어

그런데 말이지 좌석에 앉을 때
다리는 가지런히 붙이고 앉았으면 해
뾰족한 구두코를 날리고 싶어

트라우마

오리의 목을 베었어

아홉 살 때의 일이지 찬 방에서 잠자다 입이 돌아간 아버지 때문이야 오리의 뜨거운 피를 마셔야 한다는 처방을 한 사람은 누구였을까 조카는 작두의 칼날 아래 오리의 목을 집어넣고 나는 작두의 손잡이를 눌렀지 그때부터였어 어른들이 일하러 가고 어둑해지는 시간이면 작두 옆에 도깨비가 나타났지 문고리를 붙잡고 식구들을 기다리면서 너무 무서워도 땀이 난다는 걸 알게 되었지 방망이도 뿔도 없는 그 엉킨 그림자가 바로 나였음을 알게 되기까지 꽤 많은 시간이 필요했어 콸콸 흐르는 붉은 피를 감당하기에 너무 어렸던 아이를 위한 참회록이야

도깨비를 보았다는 말에 함부로 웃지는 마

핸들의 은유

낯선 길에서 신속하게 뉴턴을 했어

갈림길의 표지판을 보았지 쉬 읽어낼 수 없는 길 찾기에도 유전자 코드는 작용할까 쭈글쭈글한 뇌의 어디에선지 스파크가 발생했어 기어이 찾아낸 직선의 길 가속의 액셀러레이터에 힘을 싣는 것은 질주를 향한 열망이야 코드의 진화는 더디고 문명의 걸음은 빠르지 어긋난 불협화음에 난무하는 로드킬 난청에 비문증까지 불러오곤 하지

지심도로 가는 뱃길을 묻자 거 뭐 볼라꼬 갈라카는데 예 그곳은…… 백십 킬로미터로 달려오는 졸음을 피하려 자동차는 가속도를 불러내지 차창 밖의 사물들이 번지고 있어 옆구리에 날개가 돋는 중이야 속도에 굶주린 코드가 활성화되나 봐 핸들이 부르르 부르르 떨고 있어

봄 지나 또 봄

대문을 열면 자전거가
자전거 옆에는 고무나무가

수문장처럼 서 있다
친구처럼 서 있다
노란 잎을 자꾸 떨군다는 이유로
고무나무는 대문 밖으로 버려졌다

죽음은 가까운 듯 멀다

자전거 바퀴는 탱탱했었다
그건 차르륵 차륵 달릴 때의 기억

멀어지는 기억은 죽음과 닮았다
안장이 해지고 버짐 피어난 짐칸은
철의 기억으로 돌아가는 얼굴
고무나무는 버려진 이유를 새기며

괜찮아, 봄 지나 또 봄이 올 거야

자전거는 설렌다
문의 손잡이가 돌아갈 때
대문간의 수런거림과
손잡이의 기척은 오래 달리지 못한
자전거의 봄이다 애간장 녹는

제발 나를 올라타고 달려줄래, 응

미녀

소주공장에 다니던 미녀가
소주 코너를 열었다는 풍문이 날았다

열일곱에 결혼하고 마흔 전에 사별한 그녀 홀로 키운 두 아들을 장가보내느라 돈을 빌렸단다 월급이 몽창몽창 이자로 나가는데 세상이 아득하더란다 할 수 없이 오래 일하던 소주공장을 그만두고 퇴직금으로 쌈지막한 가게 얻어 실금 그어진 마음, 마음이 찾아드는 미녀소주코너를 열었단다 세상에 드문 착한 며느리를 맞았다며 갸가 소주를 겁나게 잘 마셔부러야 너스레를 떨며 웃던 아름다운 계집 소주코너 말고 집이라고 하렴 어릴 적 놀았던 따뜻한 너의 옛집 윗목의 물동이에서 얼음과자 꺼내 먹으며 놀던 집 어른들 몰래 화투를 치기도 했던 미녀네 집

춥고 시린 어느 날 미녀를 만나
그녀의 착한 며느리처럼
소주를 겁나게 마셔부러야지 생각하며
까르륵 웃는다, 美女처럼

유리알 도둑의 진술

색색의 유리보석 그 일그러진 것들이 탐나는 거야 하루만 갖고 싶어 가지고 놀고 싶어 가득 쥐고 주머니 깊이 손을 털었어 심장은 무섭게 쿵 쿵 접시에 올려놓고 녀석들과 재잘거리는데 엄마가 본 거야 냉큼 유리보석으로 숨어들었지

결정적인 훼방꾼이 엄마라는 거 엄마들만 몰라

사람들이 너를 뭐라고 할까? 도둑년. 엄마의 얼굴에 설핏 미소가 스쳤어 왜 웃는 거지 훈육의 시간 질문을 할 수는 없어 뿔 없는 짐승처럼 고개를 끄덕여야 해 다시 제자리로 돌려놓을 때까지 딱 하루면 되는데 별을 따주겠다는 말처럼 믿지 않는군 뭐 어쩌겠어

어항 속 물고기 같은 내가, 유리알에 갇힌 내가

꿈과 칼의 수미상관

잠과 악수하면 긴 꿈이 이어졌어 낮의 꿈이 아픈지 밤의 꿈이 더 아픈지 알 수 없는 장마 같은 나날 곰팡이가 꽃처럼 피어나 난 곰팡이를 끌어안았지 물들여줘 나를 야금야금 먹어줘 곰팡이의 꿈이 피어나고 꿈의 씨앗처럼 하루는 자꾸 태어나고 형상 없는 목소리는 비명을 잉태하지 누군가 말했어 식칼을 머리맡에 두고 자 벼린 칼을 머리맡에 두어도 목소리가 사라지진 않았어 칼은 꿈을 잘라낼 수 없고

새파란 갈치를 썰고 있어
뎅겅 잘리면서 뛰뛰기를 하네
칼이 스친 자리 진액이 묻어나는데
그것은 물고기의 비명
칼과 갈치의 단도직입

키스의 흔적 같은 붉은 아가미
선명해서 너무 아픈 꿈같아
저며지는 꿈의 흔적, 도마 위 붉은 아가미

심심한 결말처럼 남은 꿈 그리고 칼

날아가는 새똥에 맞을 확률은 얼마일까

내 이마에 갈기고 갔어

문자가 날아온다

붓 한 자루면 충분하겠다
막 짜놓은 똥으로
쓰윽 쓱 그려낼 문양

고불고불한 면발의 라면
질문 같은 붉은 씨앗 몇 톨

다시 푸른 새를 날려 보낸다

만능간장처럼

팔딱이는 심장 3컵
체액 6컵
치명적 매력 1/2컵

잘게 갈고 섞어서
팔팔 끓이시라

유효기간 알 수 없음

발효된 향기를 꿈꾸며

사랑, 그 뜨거운 균을 증식할 것을 권유함

어떤 방문

짧은 편지가 도착하곤 하던
213번지를 찾아 갔어
푸른 대나무 무리 지어
가늘게 떨고 있는데

아버지의 지팡이가 달려 나온다

엄마가 되어 준 소나무
엄마가 되어 준 사과나무
엄마가 되어 준 감나무
엄마가 되어 준 개
엄마가 되어 준 고양이
엄마가 되어 준 소, 돼지, 오리까지

끝내 보이지 않는 엄마

아버지 웃고 계시다
왜 웃는 거예요 아버지

너무 많은 저 엄마들 무서워요
오로지 단 하나의 엄마를 원해요

213번지의 새 주인은 서걱이는 댓잎 소리. 건네지지 못한 말이 대나무 사이를 떠돌고 있지. 오래된 문장들과 숨바꼭질 하지. 깊게 휘어지는 대나무. 뒤늦은 편지의 수신. 마술 같은.

책상은 달을 노래하고

문을 닫고 책상 앞에 앉아 있었어 지루해져서 책상에게 질문을 했지 넌 몇 살이니 달은 사십사억칠천만 년을 살았대 넌 몇 살이냐고 달의 나이는 궁금하지 않아 푸른 덮개에 유리까지 올렸지만 이빨 빠진 얼굴에 주름살도 많은 넌 몇 살이니? 난 숲에서 왔어 어둡고 습한 동굴 옆에 서 있었어 박쥐가 동굴에 드나들다 쉬어가기도 했어 얼굴이 끊임없이 변하는 달을 오래도록 보았지 달은 궁금하지 않다니까 네 얘기를 하라구 몰라 내가 몇 살인지 모르겠어 얼굴이 커지고 또 작아지는 달에 대해서만 궁금해 너는 문을 닫고 갇혀 있지 달에게는 관심이 없고 달은 늘 떠오른다니까 보거나 보지 않거나 사십사억칠천만 년을 창백하게 살고 있지 다시 물었어 넌 몇 살이야? 문을 열어 계속 닫혀 있으면 그건 문이 아니야 넌 스스로 갇힌 거야 책상을 두들겼다 넌 달의 나이를 안다고 생각하니 책상을 무대로 사는 사람 믿을 수 있어? 간신히 아무 말도 들리지 않을 때 다시 생각한다 책상의 나이는 몇 살일까

후우, 아무래도 문을 열어야겠다

제4부

구음(口吟)

여보, 당신이 나를 낳아줘서 정말 고마워. 당신 정말 사랑해. 큰애가 선물 사왔다고. 나도 사서 보냈지. 이제 당신도 좋은 거 입어야 할 때지. 팍 늙었는데 나이에 어울리게 입어야지. 작은애가 맛있는 거 먹자 해? 사양하지 말고 먹어. 왜 미안해? 아니 그러지 말고 무조건 하자는 대로 해. 안 하는 것도 습관 된다니까.

지하철 한 칸을 느릿느릿 휘돌아 가는 목소리. 줄무늬 양복에 단정한 머리를 한 남자가 웅얼웅얼 허공을 향해 텅 빈 눈동자로 말 걸고 있다. 여보, 당신이 나를 낳아줘서 고맙고 사랑해, 사랑한다고.

웃음기 없이 순환선에 올라탄 언어들. 통통 튀어 오르지도 못한 채 하얗게 부서져 내리며 무덤을 쌓네. 사방팔방 아랑곳하지 않는 남자의 구음은 농익어 가고. 사람들은 모두 휴대폰의 액정 속을 드나들고. 지하철은 속도를 잃지 않지. 구음에 귀 기울이는 마음만이 무덤을 힐끔거릴 뿐. 여보 당신이 나를 낳……

베이비 인 뉴욕

(뉴욕의 어느 가정집 앞에 버려진 아이가 발견되다.
보라색 수건에 싸여 신발상자에 담겨 있었다.
탯줄이 달린 채 발견된 아이는 병원 치료를 받고 안정을 찾다.
장미 한 송이가 아이 곁에 놓여 있었다.)

1.
수건은 양수처럼 따뜻하고 부드러웠니
신발상자는 자궁처럼 은밀하고 편안했니
무방비로 끊겨진 탯줄은
상자 안 어둠을 이기는 믿음이었을 거야
장미 한 송이의 향기가 상자를 열게 했을 거야
인터넷 뉴스 둥둥 떠도는데
베이비, 엄마를 용서하렴
장미 한 송이로 용서를 구하는구나
관을 짜고 탕탕 못 박을 수 없었던 그녀
네게 남긴 마지막 사랑의 몸짓이야
상자에 담겨 강물 따라 흐르다
영웅이 되거나 비극의 주인공이 되는 거
너무 상투적이지
장기기억이 되기 전에

뉴스의 데이터를 지워야겠어

2.

수건은 양수보다 마른자리야
신발상자는 자궁보다 더 어둡고 편안했지
탯줄은 세상에 팽개쳐진 자유
창대한 날의 시작이지
장미의 향기 숨이 막혔어
엄마라는 단어를 걷어찬 여자
장미 한 송이로 용서를 구걸한 거야?
관을 짜고 탕탕 못 박을 수 없었던
마지막 사랑의 표현이라고?
상투적인 주인공 따위 발로 차버릴 테야
뉴스의 화면이 사라지기 전에
데이터를 백업해야겠어
질식할 것 같은 장미의 향기 오래,
오래 기억할게

3.

참, 다행이다. 실핏줄처럼 나뉘어 흐르는 물의 갈래 눈에 보이지 않는 거. 물속에 큰 돌이 있나. 강물 소리가 부푼다. 물이 돌부리에 깨어지나 보다

몽타주

상록교회, 성도암, 동양다방, 평화상회, 번영상회, 이모네식당

쇠락한 소읍을 지날 때 손을 잡아당기던 이름들 배고픔과 갈증을 풀어주고 구부정한 영혼의 안식까지 안겨줄 고유명사들이죠 장항포에 이르렀을 때였어요 좌판대의 물고기들이 스쳐가는 차들의 경적 소리에 놀라 몸을 뒤집더군요

포구에 정박한 배의 댓가지가 바람에 흔들리고 있어요 풍어제를 지내도 사라진 꽃새우는 돌아오지 않는다는 사라진 꽃새우가 가정을 파탄내고 말았다는 열정과 분노에 찬 목소리가 왕왕 울릴 때 상록교회 예배당을 거쳐 성도암 법당으로 슬쩍 스며들었죠 편안했는가 정말이지 묻지 말아요

동양의 평화와 번영이 이루어지건 말건 나의 싱싱한 하루를 위해 이모네식당에서 백반이나 먹어야겠어요 사라진 꽃새우와 사라질 또 다른 꽃새우와 파탄 난 가정을 생각하면서. 배고파요 이모, 가정식 백반 주세요 왕왕……왕왕, 네?

카타콤*의 물고기처럼
—하화도

돌에 박힌 물고기야 어디로 가니
푸른 동백이 묻는다
이제 그만 지고 싶어

아랫길 붉은 꽃이 투덜거린다

낮은 담장에 시가 그려졌다
캐내지 않는 바위처럼
누구든 외로워라**

시를 읽은 물고기 차마 떠날 수 없어
돌에 깊이깊이 박힌 거야
흡 착 흡 착

담장이의 발자국을 눈으로 따라가지

꽃섬길 더듬어
구절초 피어나는 순념밭념 찾아간다

바람아 시간의 밧줄을 늘려라

한 마리, 한 마리, 한 마리

돌에 박힌 물고기는
낚싯대 드리우고
캐내지 않는 바위처럼 굳건한

저, 저 물고기?

---

*초기 기독교 시대의 비밀 지하 묘지.
**문태준 시인의 시 「섬」의 일부분.

새로 태어나는 빗방울의 출처

불을켠눈동자를굴린다
날세운말이허공을긁는다
손톱발톱을세워달려든다
튀는살점과피의냄새향기롭다
누구도미안해하지않고
아무도사과하지않는다
나란히앉아밥을먹고
나란히앉아티비를본다
수박의붉은속살을파먹으며
아무렇지않은듯낄낄거린다
혐오섞인조롱을나눈다
소통은불통이나통은통이다
뜨거운불통의통이다
수시로몸을섞는
강에나가봐야겠다
은밀한조언으로귀씻으려한다
이렇게도큰바다에이를수있느냐
물으려한다

말한다강이

술렁인다강이

사실을말하자면

도대체

모른다하잔다

폭우처럼내리는말들

냉큼먹어치우며놀라지도않는강

뜨거운여름이다

자발적 포로가 되다

전방에 급커브 구간입니다
어떡하죠 이제
전방에 급커브 구간입니다
어떡하죠 이제

낯선 노래의 후렴구와
내비게이션의 기막힌 대화를 엿들어요

매치재 지나 섬진강을 내려다보며
급커브를
돌고, 돌고, 돌아가요
맨몸으로 바람을 맞는
푸른 강이 떨고 있어요

전방에 과속방지턱입니다
어떡하죠 이제

몸이 내비에

마음이 거미줄에 걸렸어요
거미가 낮게 걸린 달을
거미가 마음을 와작와작 삼켜요
달이 내비의 말을 알아듣나 봐요
커브를 커브를 돌아 휘어지는 달
오 오
달이, 강이, 내가,
휘어지네요

어떡하죠 이제?

베니스 모텔

주차장에 길게 늘어뜨린 헝겊이 차를 쓰다듬고 뒤로 달린다 모텔 반달 유리창 너머 주인의 눈은 의아하다
—니들 뭐야

식육점 불빛 낭자하게 번지는 방에서 그녀와 나는 밥을 먹는다 어둑해지는 낯선 도시에서 나누는 육식의 시간 화랑은 사라진 지 너무도 오래 알코올로 부활한 화랑을 마시고 이슬로 입술을 축인 밤 지구별이 자꾸만 춤을 춰

꿈에서 깨어난 아침 빛을 허락하지 않는 방의 문을 열었다 세상에, 그곳은 물의 도시 베니스가 아니야 차곡차곡 쓰레기가 질서 있게 고철이 사이좋은 형제처럼 쌓여 있는 바다야

베니스의 회랑을 걷는 내내 쥐새끼 한 마리 나타나지 않아 축 늘어진 헝겊을 통과하자 노란 은행잎이 눈부시게 쏟아져 내렸어 그녀의 팔을 베고 누운 동침이 흔들림 속에서 끝난 건 그곳이 베니스였기 때문이야

쓰레기와 고철의 바다 위 베니스 모텔, 원본의 향기에 취해 소리를 조각하는 쥐들이 표류하는

미타암 가는 길

숲속 은하수 길은 양생 중입니다
생의 무게란 얼마나 가벼운지
가볍게 별에 달라붙습니다
아직 말랑한 별의 길을 걷지요

부스럭거리는 별을 발로 뻥 찹니다
탄성이 좋지 않아요
빨갛게 노랗게 각이 진 때문이죠

나무를 쪼던 새가 날아갑니다
참나무의 살갗을 두드리네요
가지를 더듬는 새는 암호를 새기는 걸까요
종소리가 길게 눕네요
새들의 날갯짓에 실려 온 소리

세상은 끊임없이 공사 중을 끌고 다니죠
도시의 첨탑에 하늘은 상처투성이가 되고 말 테죠
가로등을 꺼주세요 빛나는 별을 만질 수 있게

주머니를 뒤져도 연장이 없네요
공사 중, 을 뒤집을 아무런

다시 아침입니다

숲의 별들 간밤에 울었나 봐요
노랗게 빨갛게 타오르던
젖은 손가락이 떨고 있어요

미타암은 어디에 있나요

엎치락뒤치락

거꾸로 헤아리는 숫자가 자꾸만 길을 잃는다

잃어버린 길을 찾아 골목을 돌고 모퉁이를 돌고 그림자를 몇 지나친다 백에서 뛰어내려 하나와 만났을 때 후끈 땀구멍이 열렸다 떨리는 눈꺼풀을 열고 빛을 일으킨다 냉동고에 잠자던 슈니발렌* 심야의 주먹질에 부서져 어두운 숲으로 끌려간다

잠을 잊은 밤이 달콤한 졸음에 빠질 때 붉은 성에 새벽이 올까

호미 날에 찍힌 지렁이의 어제가 나의 오늘이다 숫자를 헤아리지 않아도 잠이 돌아오는 밤 완성되지 않는 문장을 바라보는 것은 거꾸로 세던 숫자가 길을 잃는 것 잠들지 못하는 이 밤 삐뚤어진 문장 하나 비틀어 세웠으면

푸른 보리밭의 솟대처럼, 선명하게

---

*망치로 깨어 먹는 독일 로텐부르크 전통 과자.

오, 오공(蜈蚣)

다리를 바들거리는 지네를 눈물 글썽이는 변기 속에 던졌다 후려칠 수도 밟을 수도 없는 마음이 섶구슬처럼 흔들렸다 지네는 물의 세례를 받으며 뱅글뱅글 돌아 자전하는 세계로 사라졌다 지금쯤 어느 습한 구석을 다시 기어가고 있을까

욕실 앞에 방화벽을 구축한 여자는 이마주름이 깊었다 비명은 그 주름에서 쏟아졌다 누가 지네를 누가 그녀를 누가 누구를 공포에서 구하는가 오공은 답하라

어둠 속에서 맛있는 디저트를 찾아다니던 지네 열다섯 쌍 발을 박자에 맞게 끌고 다니는 지네 때로 누군가의 달콤한 먹이가 되곤 하겠지 많은 발과 마디에 생각이 넘어질 때마다 지네의 발에 신발을 신긴다 한 쌍의 더듬이가 팔을 벌리는 아침 오공은 지금 어디에 있는가

여자가 기도를 한다 길게 이어지던 기도의 속눈썹이 떨고 있다

뉘른베르크에서 만난

질긴 사랑이야
잠시도 한눈팔지 않지
뜨거워졌고
흠뻑 젖어버렸지

잠시 개운하기까지 했어
상상적 배반은 날마다 반복되었지

국경을 초월하고
꿈과 무의식을 장악하고
틈을 주지 않는 빛나는 눈
비행을 놓치지 않는 날렵함까지
끈끈한 동행이야

여행의 후일담으로 기막히게
아름다운 일갈

쿨럭쿨럭…쿨쿨

이별은 예고 없이 찾아올 테지

남자와 여자
왼손과 오른손
아랫마을 윗마을처럼
둘인 듯 하나인 듯
만남과 이별이 눈처럼 내릴 거야

떫은 눈이 내리는 아침
질긴 사랑은 시작되었어

쿨럭쿨럭…쿡쿡

병아리눈물

어머니의 병간호를 하며
욕창을 걱정하는 딸이
연신 체위를 바꿔주고 있다는
사이버 뉴스를 보다
뿌리를 매만지며 분갈이를 한다
흙속의 어둠을 털어낸다
제 몸에 딱 맞는 집을
찾아다니는 소라게처럼
와르르 무너진 집을 버린다
벌거벗은 모습으로 새 집에 든
병아리눈물*
아무도 눈물 흘리지 않고
나날이 싱싱하게
물오르는 징그러운 것들
울산김씨, 나의 어머니
기억의 한 점 부스러기도 남기지 않고
봉긋한 밥그릇을 뒤집어쓰다
컴컴한 어둠 속에서

하얀 알뿌리로 증식하고 있을까

아마도, 병아리눈물 무성할 테지

*화초의 이름.

방어

뱃속에 새우를 가득 채운 방어의 배를 갈랐어

그는 새롭고 낯선 먹잇감을 향해 입을 벌렸던 거야 낚싯바늘에 살이 뚫리는 통증 어디까지 뻗었을까 통증의 무늬 같은 붉은 아가미를 만져보았어 탱탱한 살과 내장에서 그의 파득거리는 마지막 몸짓을 읽어 껍질이 벗겨지고 저며져 접시에 오른 방어를 먹는 것은 날것의 느낌을 삼키는 것이지 맑은 눈과 선명한 피부를 가진 방어가 죽음을 방어하지 못하고 낚인 것은 찰나적 환희의 대가였을 테지 날것의 힘 잃어버린 그는 급속도로 침울해져서 끓는 냄비 속에 던져지고 말았어 마지막 순간까지 경계해야 할 것은 먹잇감을 잘 읽을 것 날것의 생생한 힘을 유지할 것 등등이야 그가 가르쳐준 방어의 항목 눈을 부릅뜨고 삼켰어 눈물은 끝내 흐르지 않아

어두운 내장을 탈출한 작은 새우들 다시 튀어 오르기 시작했지 톡 톡

헤이, 헤이

계곡의 끝나지 않는 수다를 재우려고 힙합보이 불러낸다 음률을 따라 흔들거리다 절벽의 낭하를 만날 수도 있으리 그루브 넘치는 발걸음이 구룡계곡 물소리를 휘젓는 봄날

헤이, 힙합보이
연두 잎에 매달려 그네를 탈까
초록이 몰려와 더 짙어지기 전에
개미귀신 끌어당기는
개미지옥에 들어가기 전에
명주잠자리 날개에 올라
한 세상 흔들려 볼까
가슴을 내밀고 바람의 심장을 주물러봐
푸른 피가 돌고 있을 가슴을
유혹 미혹 매혹에 혹하는 마음
구멍이 뚫리도록 들여다봐

헤이, 노래, 노래 불러 장기판의 말들이 날뛰도록 소나무 뿌리가 지층을 뚫고 오르도록

동아줄에 관한 개인적 설화

흐려진 코발트색 다이어리에 짙은 눈썹처럼 새겨진 문장. 스스로를 묶는 동아줄로 쓰인 거지. 문장을 선택하는 순간은 재채기 같은 거

아직도 그 동아줄에 묶여 있어?

별을 품고 그 별을 밀어낸 안간힘을 알아버린 걸. 반짝이는 목숨의 경이로움을. 뱀과 아담과 이브의 비극을. 세상에 터널이 너무도 많다는 걸. 이제, 알아버린 걸

터널을 바꿔, 다시 재채기를 하자

동아줄을 내려주세요. 수수깡이 태어나는 썩은. 해와 달이 탄생하는 튼튼한. 주문처럼 터지는 에에취 에취 취. 무서워라, 떠다니는 너무 많은 문장들

가장 좋은 것은 태어나지 않는 것이다

해설

배제와 폭력의 세계에서 부활을 꿈꾸는 시

이성혁 문학평론가

1.

변영희 시인의 첫 시집인 『y의 진술』을 읽으면서 반가운 생각이 들었다. 이 시집의 적지 않은 시편들이 비참한 삶의 현장을 정면으로 보여주고 있기 때문이다. 많은 이들이 동의하겠지만, 현재의 한국사회는 병들고 부패했다. 청년의 미래는 보이지 않으며 빈부격차는 심화되었고 대부분의 사람들이 부채로 연명하는 사회가 되었다. 여러 사회집단들의 상호 혐오는 극에 달하고 있다. 어떤 전망도 보이지 않고 희망을 가질 수 없는 사회, 이런 사회의 문제에 대해 문학인들은 적극적으로 발언해야 한다고 생각하고 있다. 문학의 대사회적 요청에 대해 시가 외면한다면, 그만큼 힘든 삶을 살아가야 하는 사람들은 시를 비웃게 될 것이다. 일종의 '사회시'가 요청되고 있는 이 시기에 변영희의 시집은 그 요청에 적

극적으로 응하고 있다. 그렇다고 변영희 시인이 민중시의 리얼리즘적인 전통에서 시를 쓴다는 것은 아니다. 도리어 모더니즘적인 감수성이 이 시집에는 더 짙게 드러나고 있으며, 그래서인지 이 시집의 시편들은 그다지 투명하게 읽히지는 않는다.

어떤 시인의 시집을 읽을 때 그 시인의 시론이 드러나는 시를 우선 찾아보게 된다. 시인의 시에 대한 생각과 시작(詩作)에 대한 태도를 읽어내면 시집을 관통하는 일관된 정신을 읽어낼 수 있을 것이기 때문이다. 사회비판적인 의식을 놓지 않으면서도 한편으로 모더니즘적인 감수성을 보여주는 변영희 시인의 시론을 드러내는 시는 무엇일까? 나는 「나무를 볼래」가 이 시집을 관통하는 시 정신을 보여주고 있다고 생각한다. 이 시의 전문을 옮겨본다.

숲을 보라고?
아니 나무를 볼래

바람의 지문 공기의 지문
꽃의 지문 우체통의 지문
그림자의 지문
지문, 지문이 통과하는

휘파람 같은 시간은 꼬리를 남기지 않고 사라지지

직립의 고독 직립의 지루함

눕고 싶은
엎드리고 싶은
낭창 구부리고 싶은 나무들이 우두둑

햇빛이 있는 집을 갖고 싶어
빛이 망토처럼 드리우는 방
빛의 세례란 그런 거

우울이 곰팡이처럼 번지는
e편한세상이 덮쳐버린 방
그건 슬픔의 씨앗이 되기도 해
the 편한 세상 아래 사는 청춘은
잠이 많아 참 다행스럽지

졸음에 겨운 나무를 거느린
이 편한 세상, 안녕하신가?

위의 시에서 시인은 전체를 보지 않고 개체를 보겠다고 선언한다. 그러나 이 선언이 개체를 둘러싼 환경과 사회를 무시하겠다는 것은 아니다. 도리어 환경과 사회가 개체가 직면하고 있는 삶에 어떤 영향을 끼치는가에 주목하겠다는 것이다. 전체를 통해 개체를 인식하는 것이 아니라 개체에 대한 관찰을 통해 전체를 알아나가겠다는 것, 즉 개체를 모나드(단자)로서 파악하겠다는 것이다.

하나의 모나드에는 세계 전체가 비추어지고 있다. 모나드는 전체의 한 부분으로서 환원되지 않으면서도 전체를 비추어낸다. 저 세계의 '지문'이 통과하는 나무에는, 세계의 흔적이 남게 될 것이다. 하나의 개체인 나무로부터 그러한 세계의 흔적을 읽어낼 때, 환경과 사회의 문제가 드러난다. 하지만 모나드로서의 개체, 저 한 그루의 나무를 살펴보는 일은 개체에 묻어 있는 세계를 조명하기 위해서만은 아니다. 바로 개체가 살면서 품게 될 열망과 고통, 희망과 절망 등에 대해 진술하고자 하기 위함이다. 모나드가 작은 우주라고 할 때, 모나드로서의 개체는 그 무엇에로도 환원될 수 없는 고유한 정념을 갖고 삶을 살아나간다. 개체에 대한 조명은 이러한 고유한 개체의 삶–현재의 이 사회에서는 고통이 전경화 되고 있는 삶–에 대해 기록을 남기기 위한 작업이기도 한 것이다.

위의 시의 '나무'는 어떤 고통을 겪고 있는가? 지루하고 고독하게 직립해야만 한다는 고통과 '빛의 세례'를 받고 싶지만 "햇빛이 있는 집"에서 살고 있지 못하고 있다는 고통을 겪고 있다. 나무가 사는 방은 햇빛이 아니라 "e편한세상이 덮쳐버"린 것. 'e편한세상'은 물론 중의적이고 반어적인 의미를 갖고 있다. 알다시피 'e편한세상'은 모 아파트 전문브랜드 이름이다. 그 이름은 이 시대의 유토피아–편한 세상–를 내세우고 있지만, 그 유토피아란 "우울이 곰팡이처럼 번지는" 장소(아파트)를 도시 공간에 꽉 채운다는 의미에 다름 아니다. 햇빛이 아니라 "망토처럼 드리우는" 우울이 "슬픔의 씨앗이 되"는 "이 편한 세상"에서 지루하게 서 있어야 하는 나무들은, "졸음에 겨"워 하면서 높기만을 바라면서 살아간다. 위의 시는 현재를 살아가는 개체들의 삶이 어디에 있는지 살펴보면서, 현대 문명과 이 문명을 생산하는 'e편한세상'과 같은 자본이 삶을 어떻게 무력하게 만드는지 암시하고 있다.

2.

어떤 개체의 삶을 조명하면서, 현대 사회의 본질적인 문제를 암시하고 비판하는 방식은 아래의 시에서도 읽을 수 있다.

의자1 눕고 싶어
　의자2 바보 같은 소리
　　의자3 누워 있는 의자?

혼자가 아니어서 다행이야

양말을 가진 발은 따뜻해 보여
노숙의 날이 차가운 문양으로 박힌 맨발
깊은 밤을 건너는 힘 충전 중이야
열 개의 발가락이 오지 않는 행운처럼 슬퍼
자꾸, 자꾸만 발이 시려
포장박스는 치우지 말기로 해
각진 구석은 더 많아져야 해

새벽 네 시의 한우 더블팩
푸른 눈을 빛내는 노마드족의 에너지원이야

고요의 무덤이어도 좋을
새벽 다섯 시는 제한시간이었어
똑 똑
몸에 닿는 노크에 자동인형처럼 일어나
어디론가 쏘옥 쏙 사라지는 갯벌의 게들

노마드족이 사라진 시간도 그즈음이야

떠나는가 하면 돌아오는 역전의 시간
기차의 운행은 계속되어야 해

—「변주(變奏)」 전문

위의 시 역시 사회 비판을 보여주고 있는 시로, 한밤중에 좀 더 따듯한 곳을 찾아 기차역으로 숨어들어오는 노숙자들의 개별적 모습에 대해 진술하면서 진행된다. 이 노숙자들은 시의 초반에 '의자'로 사물화 되어 등장하는데, 이들 역시 「나무를 볼래」의 나무들처럼 눕고 싶어 하는 존재자다. 눕는다는 것이 죽음을 상징한다고 한다면, 나무들이나 저 노숙자들–의자들–은 타나토스의 충동에 사로잡혀 있다고 말할 수 있겠다. 그러나 저 노숙자들의 모습은 나무보다 더욱 처절하다. 이들은 '노마드'가 되어야 하기 때문이다. 기차가 운행되는 새벽 다섯 시가 되면, 그들은 기차역에서 떠나야 하는 것이다. 현대는 '노마드족'의 시대라고 사회학자들이 주장한 바 있는데, '노마드족'의 전형은 비행기를 타고 다니면서 비즈니스 하는 사람들이 아니라 새벽이 되면 "자동인형처럼 일어나/어디론가 쏘옥 쏙 사라지는 갯벌의 게들"과 같은 저 노숙자들임을 위의 시는 보여준다. 다시 말해서 시인은 배제되고 추방되어 유랑해야 하는 사람들이야말로 현대를 가장 잘 상징하는 이들임을 보여주고 있는 것이다.

이들이 덮고 있는 포장박스-상품을 '보호'하고 있었던 박스-와 양말 없이 "노숙의 날이 차가운 문양으로 박힌 맨발"이 비교되고 있는 것도 눈에 띈다. 버려진 포장박스만이 그래도 이 노숙자들의 친구처럼 옆에 놓여진다. 이 사회에 쓸모가 다한 이들-상품 가치가 없어진 이들-은 아이러니하게도 이렇게 버려진 포장박스에 상품 대신 들어가 유령처럼 살아간다. 또한 새벽이 되면 "고요의 무덤"에서 유령처럼 사라져야 하는 이 노마드족은 현대 문명을 상징하는 기차의 운행과 대비된다. 저 노마드족이 어슬렁거리면서 '게들'처럼 천천히 사라짐과 동시에 운행이 계속되어야 하는 기차-현대의 상징일-는 이곳으로 질주해 들어온다. 이러한 사회적 주제는 「헐」과 같은 시에서도 강하게 전개된다. 이 시는 "백일 지난 아기의 하루는 기저귀 값 포함 칠천 원 시간당 최저 임금을 넘어선 액수"인 세상에서 둘째 아이를 가졌으나 낳을 수 없어서 낙태해야 하는 현실을 꼬집고 있다. 낙태되는 아기는 저 "박스에 담겨"진 노숙자의 삶과 다르지 않다. 낙태아처럼 노숙자의 영혼 역시 산산이 찢겨버리기 때문이다.

한편, 「핸들의 은유」는 질주를 향한 현대인의 열망이 육화되어버리는 상황에까지 이르렀음을 보여준다. 그러나 "기어이 찾아낸 직선의 길 가속의 액셀러레이터에 힘을 싣는" "질주를 향한 열망"은, "코드의 진화는 더디고 문명의 걸음은 빠르"기 때문에 곧 파탄으로 끝나버릴 위험에 처한다는 것이 시인의 전망이다. 그 "어긋난 불협화음에 난무하는 로드킬"을 불러온다는 것이다. "졸음을 피하러 자동차는 가속도를 불러내"는 현실은 더욱 빨리 일을 진행해야만 하는 자본주의의 구조에서 유래한다. 더 많은 이윤을 내기 위해서는 자본의 회전을 빨리 해야 하고, 그렇기에 이 세상에서 살아가야 하는 우리는 액셀러레이터를 밟을 수밖에 없는 것이다. 하지만 결국 이러한 질주는 로드킬을 불러올 것이며 '막다른 골목'에 부딪칠 것이다. ('세월호 참사'가 바로 그러한 '로드킬'이었다고 할 수 있을 것이다. 시인은 「문어우체국」에서 '세월호 참사'로 인해 고통받는 유가족들의 마음을 시화(詩化)하고 있다.) 부를 빨리 쌓아올리려는 한국 자본주의의 탐욕은, 추방당하는 사람들의 삶을 보살필 준비도 마련하지 않은 채 삶의 터전을 함부로 무너뜨리면서 화려한 빌딩을 새로이 짓는 폭력성에서도 확연히 드러난다. 아래의 시는 그러한 탐욕과 폭력이 관철되고 있는 철거 현장을 포착하고 있는 시다.

버려진 구두에 꽃이 피었다
꿈을 잃은 자전거 바퀴에
나팔꽃이 악착같이 손을 뻗는다

꿈은 양철북을 두드리는 막대 같은 거
희망은 영리하게 채색한 폭력
흔들리는 걸음을 자꾸만 강요하지

골목을 미행하는 걸음 멈출 수 없다
골목이 나를 뒤쫓게 할 수는 없는 일
반전은 허락할 수 없어

발목이 피로감으로 부푼다
아무래도 발목을 잘라야 할까 보다
어쩌면 골목을, 막다른 골목을

희망만이 아니라
꿈만이 아니라
막다른 골목은 더욱 폭력적이다

선홍빛 피가 뚝뚝 떨어져도
다시 싹트는 봄날의 씨앗

잘린 발목이 이야기를 시작한다

—「철거촌을 걷다」 전문

위의 시는 선명하게 이해될 수 있는 시는 아니나, 서로 공명하면서 일관성을 이루어나가는 시의 이미지들을 주목하면 해석의 열쇠를 잡을 수 있다. 가령, 첫 행의 "버려진 구두"와 마지막 행의 "잘린 발목"의 이미지가 공명하면서 시의 특정한 공간을 형성한다. 버려진 구두는 아마 철거민의 구두일 것이다. 철거민 역시 노숙자와 마찬가지로 이 자본주의 세계의 주류로부터 배제되고 추방된 사람이다. 잘린 발목은 버려진 구두의 환유라고 할 수 있으므로 "막다른 골목"에 몰린 철거민의 처지를 표현한다고 할 수 있다. 또한 시의 전개를 통해 볼 때 어떤 희망을 가지고 '철거촌' 골목을 미행하고자 했던 시적 화자의 좌절을 표현하기도 한다. 즉 잘린 발목은 철거민과 시적 화자의 운명이 공명하고 중첩되고 있음을 표현하기도 하는 것이다. 이러한 운명의 공명과 중첩이 일어날 수 있었던 것은 시적 화자가 "골목이 나를 뒤쫓게 할 수는 없는 일"이라고 마음먹고 "골목을 미행"하는 행동을 행했기 때문이다. 이러한 행동은 "양철북을 두드리는 막대 같은" 희망을 품었기에 행할 수 있었는데, "흔들리는 걸음을 자꾸만 강요"했다는 그 희망이란 "영리하게 채색한 폭력"이어서 "발목이 피로감으로 부"풀고 "발목을 잘라야 할까 보다"는 마음을 먹게 만들었다고 시인은 말한다.

'희망 고문'을 당하는 사람이 결국 막다른 골목과 부딪치게 될 때, 그 절망감의 낙차는 더욱 그를 고통스럽게 만들 것이다. 그래서 희망이나 꿈 역시 폭력이라고 할 수 있으며, 나아가 "막다른 골목은 더욱 폭력적"이라고 위의 시의 시인처럼 말할 수 있다. "골목을 미행하는 걸음 멈출 수 없"다는 시적 화자의 말은, 시인으로서 저 철거되는 삶의 현장을 뒤쫓아서 기록하고자 하는 윤리적 결단을 보여준다. 그 결단은 저런 폭력적인 현실에서 그래도 삶이 구원될 길을 찾을 수 있으리라는 '꿈'과 '희망'을 품고 이루어진 것이었으리라. 하지만 철거민처럼 시적 화자 역시 막다른 골목에 폭력적으로 부딪치게 되었으며, 꿈과 희망 역시 그에게 채색된 폭력이었음이 드러나면서 그는 더욱 깊은 상처를 입게 된다. 그는 철거촌으로 이끌었던 자신의 발목을 잘라내야 했던 것, 잘린 발목은 철거민의 버려진 구두처럼 철거촌에 버려졌을 테다. 하지만 시인은 어떤 자연적인 치유력에 대한 믿음을 버리진 않는 것 같다. 이 모든 폭력과 비탄에도 불구하고, "버려진 구두에 꽃이 피었"으며 "꿈을 잃은 자전거바퀴에/나팔꽃이 악착같이 손을 뻗"고 있다고, 잘린 발목에서 "선홍빛 피가 뚝뚝 떨어져도" "봄날의 씨앗"은 다시 싹튼다고 말하고 있는 것을 보면 말이다.

「미타암 가는 길」도 현대의 도시 문명이 훼손한 세계에 대해 진술한다. 그런데 이 시는 그 훼손을 자연의 힘이 치유할 수 있으리라는 어떤 기적에 대한 믿음을 은연 중 보여주고 있기도 하다. "세상은 끊임없이 공사 중을 끌고 다니"고 "도시의 첨탑에 하늘은 상처투성이가 되고 말"았다는 것이 시인의 진단이다. 그럼에도 불구하고, 시인에 따르면 "공사 중, 을 뒤집을 아무런" 연장이 우리에게는 없다. 즉 우리가 훼손한 세계를 다시 고칠 수 있는 방안이 우리의 손엔 없는 것이다. 그러나 "다시 아침"은 온다. 아침에는 "참나무의 살갗을 두드리"며 "가지를 더듬는 새"가 나무에 암호를 새기고 날아가고, "길게 눕"는 종소리가 "새들의 날갯짓에 실려" 오는 아날로지(analogy)의 세계가 펼쳐진다. 만물이 소통하고 공명하며 반응하는 아날로지의 자연 세계는 첨탑에 훼손된 상처를 스스로 치유할 수 있는 힘을 자신 안에 품고 있다. 이 자연에 내장된 아날로지의 힘 덕분에, 이 세계에서는 죽음 이후에도 부활의 기적이 일어날 수 있는 것이다.

3.

변영희 시인이 무덤의 이미지에 천착하는 것도 부활의 가능성을 믿고 있기 때문은 아닐까. 이 시집의 첫머리에 실린 시 「소풍」은 '엄마'의 무덤을 방문하는 장면을 담고 있다.

늙은 아이가 소풍을 왔다

땅에 엎드려 지문을 찍을 때마다
둥글게 자라는 무덤

다시 품어보겠다는 양

다시 들어가겠다는 양

엄마는 다시 배가 부르다

—「소풍」 전문

위의 시에서 '엄마'의 무덤은 새로운 생명을 품는 엄마의 자궁이 된다. 죽음의 공간은 새로운 탄생의 씨앗을 품는 것이다. 어떤 씨앗인가? 바로 "늙은 아이"인 시인 자신이다. 시인은 "다시 들어가겠다는 양", 엄마의 무덤을 쓰다듬으면서 지문을 찍는다. 그럴 때마다 무덤은 임산부의 배처럼 "다시 품어보겠다는 양", 조금씩 자라나는 것이다. 늙은 아이가 된 시인은 지문을 통해 엄마의 무덤과 서로 연결되고 공명하며 안고 안긴다. 그리하여 저 무덤의 장소는 자연의 아날로지 공간으로 변한다. 이 아날로지 공간에서 죽음은 재생으로 변모하면서 죽은 엄마는 "다시 배가 부르"기 시작한다. 시인은 돌아가신 어머니의 품에 다시 들어가고 싶다는 욕망과 자연이 지닌 모성의 힘에 대한 믿음을 통해 이 차갑고 무서운 세상을 견뎌내고자 하는 것인지 모른다. 「봄 지나 또 봄」을 보면 "노란 잎을 자꾸 떨군다는 이유로" "대문 밖으로 버려"진 "고무나무는 버려진 이유를 새기며/괜찮아, 봄 지나 또 봄이 올 거야"라면서 "가까운 듯 먼 죽음"을 견디어낸다. 이 폐기된 존재인 고무나무에 시인이 동일화되고 있다면, 그를 견디게 하는 희망은 죽음 이후에 다시 재생의 봄이 오리라는 믿음이다. 자연은 겨울의 죽음을 품었다가 봄에 다시 세계를 낳는다.

죽음과 재생을 중첩한 자연의 존재를 상징하는 것이 위의 「소풍」에서 '엄마'의 무덤이라고 할 때, 그 무덤은 "컴컴한 어둠 속에서/하얀 알뿌리로 증식"(「병아리눈물」)하는 화초 '병아리눈물'이 무성할 것이라고 시인은 믿는다. 그러나 이러한 믿음에도 불구하고, 현실에서 죽은 자는 좀처럼 재생하지 않는다. 시인은 낭만주의자나 초월주의자는 아닌 것이다. 「플리즈」는 "무덤들 사이 휘어진 길"에서, 아마도 무덤 속에 계실 아버지에게 "잠깐만 나와 봐요"라고 호소한다. 하지만 아버지는 좀처럼 나타나지 않는다. 그러나 "간절한 부탁이 무덤 속으로 들어"가고 "긴 호명이 새끼줄처럼 풀리며 소란이, 큰 소란이" 일어나는 일이 벌어진다. 그런데 이 소란이야말로 변영희 시인이 생각하는 시 아닐까? "다이어리에 짙은 눈썹처럼 새겨진 문장"에 대해 "스스로를 묶는 동아줄"(「동아줄에 관한 개인적 설화」)이라고 표현하고 있는 것을 보면, "새끼줄처럼 풀리"는 소란이란 어떤 문장을 가리킨다고도 생각할 수 있기 때문이다. 그렇다면 재생을 향한 간절한 부탁이 동아줄이나 풀린 새끼줄과 같은 시의 문장을 낳는다고도 말할 수 있겠다. 그러한 부탁이 죽음의 세계 속으로 들어가서 일으키는 소란이 바로 변영희 시인에겐 시라고 할 수 있는 것이다.

재생에의 호소와 죽음이 맞부딪치면서 형성되는 시는 정적의 세계를 소란스럽게 변화시킬 것이다. 그래서인지 변영희 시인은 몇 편의 시편들에서 언어의 소란에 대해서 깊이 사색한다. 이를 보면 그가 세계에 떠돌고 있는 소란스러운 언어들 즉, "무서워라,

떠다니는 너무 많은 문장들(「동아줄에 관한 개인적 설화」)을 붙잡는 것이 시인의 임무라고 생각했을 수도 있다. 가령, 「구음(口吟)」에서 시인은 “한 남자가 웅얼웅얼 허공을 향해 텅 빈 눈동자로” “여보, 당신이 나를 낳아줘서 고맙고 사랑해, 사랑한다고”라고 읊조리고 있는 말을 붙잡는다. 이 쓸쓸한 읊조림의 “웃음기 없이 순환선에 올라탄 언어들”은, 시인에 따르면 “통통 튀어 오르지도 못한 채 하얗게 부서져 내리며 무덤을 쌓”고 있다. 이 눈발처럼 흩날리는 말들, 땅에 떨어져 죽어버리게 될 말들을 시인이 애써 시에 담아내는 것은, 어쩌면 저 남자의 현재 삶이 응축되어 담겨 있을 ‘구음’을 죽음으로부터 구제하여 재생시키고자 하는 의도에 따른 것일 테다. 그런데 말들이 저렇게 땅에 떨어져 사라진다는 것은 그 말들이 소통되지 않기 때문이기도 하다. 사랑한다는 말은 ‘여보’에게 가닿지 않을 것이다. 그래서 저 남자의 ‘구음’은 어디에도 안착하지 못하고 떠돌게 되는 것이며, 그토록 쓸쓸하게 들리는 것이다.

이렇게 말이 뿌리를 잃어버리게 된 것은 고유명사를 잃어버리고 있는 현대 사회의 언어생활 때문이기도 하다고 시인은 생각하고 있는 듯싶다. 그는 「몽타주」에서 “쇠락한 소읍을 지날 때 손을 잡아당기던 이름들 배고픔과 갈증을 풀어주고 구부정한 영혼의 안식까지 안겨줄 고유명사들”에 대해 언급한다. 하지만 그는 곧 “스쳐가는 차들의 경적 소리에 놀라 몸을 뒤집”는 “좌판대의 물고기들”을 그 고유명사에 ‘몽타주’시킨다. 그것은 현대 문명의 공격성과 불안을 상징하는 경적 소리가 고유명사들의 부드러움이 시인에게 준 안식과 평온을 뒤집는다는 의미일 터, 현대인의 일상어에서도 역시 "몸을 뒤집"게 만드는 현대의 경적 소리가 말을 점령하여 우리를 존재에 안착시키는 고유명사를 파괴하고 있을지 모른다. 고유명사로부터 탈각된 말들은 존재로부터 괴리되어 떠돌아다닐 것이다. 하여, 말들은 "삼천포로 빠"져서 우리는 서로 오해하게 되는 것일 터인데, 시인은 "향기도 모양도 없는 그 말의 연원"(「말의 연원을 묻다」)에 대해 생각해보지만 해답을 찾지 못하고 만다.

그런데 돌연 시인은 무엇인가 발견했다는 듯이 "삼천포 삼천포로 가자"고 외친다. 시인은 떠돌아다니면서 삼천포로 빠져 오해를 불러일으키는 현대인의 말들을 회피하지 말고 마주치자고 마음먹은 것일까. 이러한 마음을 먹었기에 그는 쓸쓸히 뿌리를 잃고 눈발처럼 흩날리는 사람들의 '구음'을 받아 적고 있는 것 아니겠는가.

4.

'삼천포'로 빠져 오해를 불러일으키는 현대인의 말을 긍정하는 것, 그것은 시인을 '거짓말'을 긍정하는 데로 이끌 것이다. 거짓말이란 오해를 불러일으키게끔 일부러 꾸미는 말인데, 그 말은 다음과 같이 사랑의 교배를 하게끔 만들기도 하기 때문이리라.

암말벌을 흉내 낸 거울난초의 속임수에 수말벌이 바쁘다 경쟁에서 진 말벌은 꽃가루를 흠뻑 뒤집어쓰고 다른 난초에게 날아간다 야호, 매춘부난초의 책략은 완벽하다 달콤한 거짓말에 속는 것은 파랑도 분홍도 아니다 그저 별난 색깔의 사랑일 뿐

사랑해? 사랑해. 사랑? 사아랑? 맨몸이 드러나는 판타지가 혀를 빼물고

유사페로몬에 빨대를 꽂는 엑스와 와이의 수고에 거울난초는 매춘부난초라는 이름을 얻는다 다섯 가지 디저트를 한꺼번에 굽는 듯한 꽃향기는 너무 달콤해 흠, 흠 난초는 동종교배를 원하지 않는다네 이종을 향해 날아, 날아, 날아라

사랑해? 사랑해. 사랑? 사아랑? 알몸이 드러나는 판타지가 혀를 묻고

식물인간에 붙은 植物이란 저 수식어 어디로 옮겨야 하나 앗, 거울난초의 향기로운 한방이다

—「달콤한 거짓말—거울난초」 전문

위의 시에 따르면, 말은 인간만이 고유하게 소유한 매체가 아니다. 저 거울난초도 말벌에게 말을 던진다. 그 말은 언어가 아니라 페로몬 향기다. 그것은 "암말벌을 흉내 낸" "달콤한 거짓말", 매춘

부가 건네는 것과 같은 유혹의 말이다. 그 말은 "알몸이 드러나는" 사랑의 '판타지'를 낳으며 말벌이 난초의 몸에 "빨대를 꽂"도록 만든다. 그리하여 난초에는 자신과 이종인 말벌의 물이 심겨진다(植物). "동종교배를 원하지 않는" 거울난초의 거짓말, 그것은 "이종을 향해 날아"가는 말이다. 이렇듯 달콤한 거짓말(꽃향기)은 종이 다른 존재의 사랑을 이끌어낸다. 이 사랑의 거짓말이야말로 문학을 구성하는 허구의 말 아니겠는가? 시의 말이란 이러한 달콤한 거짓말이며 그것은 이종끼리의 "별난 색깔의 사랑"을 만들어내는 것 아니겠는가?

그러나 변영희 시인은 시인으로서의 자신을 저 거울난초와 같은 존재로 생각하고 있지는 않다. 그는 겸손한 시인이다. 자신의 시가 사랑의 판타지를 생성하는 달콤한 거짓말일 수 있다고 생각하지는 않는다. 그는 시인이자 시의 독자로서, 시의 이상을 위의 시에서 펼쳐본 것이다. 그는 자신을 거울난초가 아니라 사랑을 찾아 떠돌아다니는 '벌'로 생각한다. 그래서 '벌집'이 그의 방인 것인데, 그는 자신의 "벌집엔 오래도록 꿀이 차지 않았다"(「방(房)」)고 고백하고 있는 것이다. 그런데 이 벌집은 젊은 시절 공장에서 일을 해야만 했던 시인이 "푸른 작업복을 벗고 대학생이 되고 알바생이 되고 악처가 되고 일꾼이 되고 엄마가 되"고 "영어 단어는 이제 더 이상 외우지 않"아도 되는 현재까지도 사라지지 않았으며 언제까지라도 "사라지지 않을" 것이라고 말하고 있다. 이 벌집이란 시인의 전 생애를 따라다니는 육체의 기관과 같은 것, 시인은 벌집을 채우기 위해 꿀(시)을 얻으려고 돌아다녀야 하는 벌과 같은 운명을 살아야 하는 것이다. 시의 향기를 알게 된 시인은 시로부터 벗어날 수 없다. 그래서 그는 항상 채워지지 않은 벌집(방)을 마음에 안고 다닌다. 변영희 시인은 아래의 시에서, 시의 매력을 알게 된 자신의 그러한 시인으로서의 운명을, 시로 채워야 하는 방의 벽에 자신이 박혀버렸다고 전도시켜 표현하기도 한다. 그런데 그 방이란 지하 묘지, 즉 카타콤이다.

돌에 박힌 물고기야 어디로 가니
푸른 동백이 묻는다
이제 그만 지고 싶어

아랫길 붉은 꽃이 투덜거린다

낮은 담장에 시가 그려졌다
캐내지 않는 바위처럼
누구든 외로워라

시를 읽은 물고기 차마 떠날 수 없어
돌에 깊이깊이 박힌 거야
흡 착 흡 착

담장이의 발자국을 눈으로 따라가지

꽃섬길 더듬어
구절초 피어나는 순넘밭넘 찾아간다
바람아 시간의 밧줄을 늘려라

한 마리, 한 마리, 한 마리

돌에 박힌 물고기는
낚싯대 드리우고
캐내지 않는 바위처럼 굳건한

저, 저 물고기?

—「카타콤의 물고기처럼—하화도」 전문

위의 시에 등장하는 "돌에 박힌 물고기"란 바로 방(별집)의 벽에 박혀버린 시인을 가리키지 않겠는가? 그 물고기는 일차적으로 "초기 기독교 시대 비밀 지하 묘지"에 새겨진 그림을 가리킬 것이다. 시인은 그 그림에 대해 "시를 읽은 물고기 차마 떠날 수 없어/ 돌에 깊이깊이 박힌 거야"라고 추측하여 해석한다. 나아가 시인은 여수 하화도 마을 담벼락에 '그려진' 문태준의 시 「섬」-위의 시에서 "캐내지 않은 바위처럼/누구든 외로워라"라는 그 시의 구절이 인용되어 있다-을 그 물고기가 읽었다고 상상한다. 그리하여 하화도의 풍경은 지하 묘지의 카타콤과 겹친다. 그런데 카타콤은 예수의 정신이 부활하는 죽음의 장소(무덤) 아니었던가? 그렇다면 하화도는 시의 정신이 부활하는 장소라고 생각해볼 수 있다. 그곳에는 "이제 그만 지고 싶"어 하는 푸른 동백꽃이 거주한다. 하지만 그곳에서 동백꽃의 죽음은 시로서 부활할 것이다. 그리고 이 부활(시)을 읽어낸 물고기는, "시간의 밧줄을 늘"린 바람을 맞으며 시를 낚아채고자 "낚싯대 드리우고" 그 섬에 틀어박힌다. 하여, 변영희 시인이 난초의 향기와 같은 시를 포착하고 옮겨 적을 때, 그의 시 "y의 진술"은 탄생할 것이다. 그것은 죽음이 지배하는 현대 세계에서 삶과 아름다움을 발견하고 구제하여 부활시키는 작업이기도 하리라.

이 도서의 국립중앙도서관 출판시도서목록(CIP)은 서지정보유통지원시스템 홈페이지(http://seoji.nl.go.kr)와 국가자료공동목록시스템(http://www.nl.go.kr/kolisnet)에서 이용하실 수 있습니다.(CIP제어번호: CIP2016020778)

문학의전당 시인선 233

y의 진술

초판 1쇄 인쇄 2016년 8월 26일
초판 1쇄 발행 2016년 9월 4일
지은이 변영희
펴낸이 고영
책임편집 류미야
디자인 헤이존
펴낸곳 문학의전당
출판등록 제311-2012-000043호
주소 서울시 은평구 연서로11길 7-5 401호
전화 02-852-1977 팩스 02-852-1978
전자우편 sbpoem@naver.com

ISBN 979-11-5896-275-3 03810